ÀNGELS NAVARRO

¿LISTOS PARA APRENDER?

La neuroeducación en juego

ILUSTRACIONES DE
MARÍA REYES GUIJARRO

combel

Padres educadores

El desarrollo de la inteligencia es una tarea permanente e indiscutible de la educación, y la primera infancia, el momento más plástico para hacerlo. El despertar intelectual de los niños y niñas surge durante las actividades cotidianas; la familia y el mundo que los rodea están llenos de oportunidades de aprendizaje y de socialización que ayudan a aprender, a conformar la inteligencia, a desarrollar la personalidad y a crecer.

Objetivos de los cuadernos

La inteligencia es la herramienta que nos abre las puertas del mundo y, como tal, se puede y se tiene que enseñar a utilizarla. Nadie nace más o menos listo; la inteligencia no constituye una herencia que no se puede modificar y sin posibilidades de evolución. No es fija, ni única; es un proceso dinámico que se puede aprender y desarrollar desde el nacimiento hasta que morimos.
Los principales objetivos de este cuaderno van en este sentido:

- Ejercitar las habilidades y desarrollar las aptitudes que componen la inteligencia y que son la base de cualquier aprendizaje.
- Enseñar a pensar de manera eficaz, mejorando las estrategias y aumentando la eficacia del pensamiento.
- Ofrecer actividades que inciden o incidirán en las competencias básicas curriculares.
- Crear la capacidad de gestionar el aprendizaje de los niños y niñas, aprender a aprender.

Cómo funcionan los cuadernos

Los cuatro cuadernos de ***¿Listos para aprender?*** se dirigen a niños y niñas de 4 a 7 años. Las actividades que encontraréis están distribuidas en ocho habilidades que los psicólogos coinciden al seleccionar como indicadores de la inteligencia. Cada actividad está precedida por símbolos que indican la habilidad que desarrolla.

ATENCIÓN

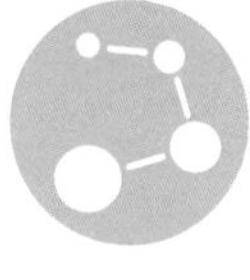
RAZONAMIENTO

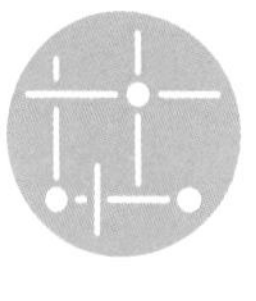
CONOCIMIENTO DEL ESPACIO

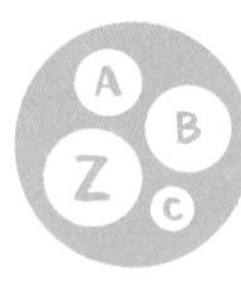

LENGUAJE

MEMORIA

LÓGICA NUMÉRICA

GRAFOMOTRICIDAD

CREATIVIDAD

Los enunciados son cortos y claros, y aun así los más pequeños requerirán de vuestra ayuda para entender bien la actividad. Al final de los cuadernos encontraréis las soluciones de todas las actividades, que podréis o podrán consultar cuando sea necesario.

9 claves para un buen uso de *¿Listos para aprender?*

CLAVE 1 Es imprescindible crear unas condiciones ambientales idóneas. El espacio que establecéis para realizar las actividades tiene que estar en orden, sin juguetes ni otras cosas. El caos desequilibra y el orden resulta tranquilizador.

CLAVE 2 Es importante que haya unas condiciones temporales adecuadas. Hay que buscar el momento oportuno y de forma anticipada para no tener que correr. El adulto siempre debe estar presente mientras los niños y niñas hacen las actividades. Cada uno tiene su ritmo y hay que respetarlo. Dejadles tiempo para pensar. Lo importante no es hacerlo rápido, sino hacerlo bien.

CLAVE 3 Las condiciones psicológicas deben ser favorables. Nos interesa que los niños y niñas hagan las actividades relajados y entusiasmados. Podéis iniciar las actividades diciendo: *¡Vamos a hacer juegos de pensar!* Si creéis que están muy excitados, podéis comenzar primero con un juego motriz como correr o saltar. Si aun así veis que no se concentran, no los obliguéis: *Ya veo que hoy no es un buen día para los juegos de pensar, dejémoslo para otro momento.*

CLAVE 4 Leed vosotros los enunciados en voz alta. El primer paso para aprender es entender. Dejad que elijan las actividades que más les gusten, no es necesario seguir el orden del cuaderno. Esto puede motivarlos y puede hacerles ver que respetáis sus intereses.

CLAVE 5 Valorad el esfuerzo y celebrad los aciertos, pero nunca recriminéis las equivocaciones. Los errores forman parte del aprendizaje. Pensad que es más importante la manera como se llega a la solución que la propia solución.

CLAVE 6 Si no dan con el resultado a la primera, no dudéis en ayudarlos. El trabajo difícil y complejo los ayudará a creer en sus posibilidades. Procurad inculcarles una actitud positiva y encarad las dificultades como una oportunidad para crecer.

CLAVE 7 Evitad las críticas y las comparaciones. Hay muchos tipos de inteligencia; unos niños resolverán mejor un tipo de actividad y otros, otro tipo. Demostrad que confiáis en que serán capaces de resolverlas. La confianza les dará seguridad y los hará fuertes.

CLAVE 8 Tomad parte activa en la resolución de la actividad. Preguntadles sobre lo que están haciendo para ayudarlos a razonar. Si veis que se equivocan, aceptad sus decisiones y después corregid el error juntos.

CLAVE 9 Animadlos a explicar todo lo que han aprendido después de cada actividad. Así estimularéis la capacidad de análisis.

¡Buenos días!

Joel tiene que ir al colegio. Ordena las viñetas con el número que corresponda.

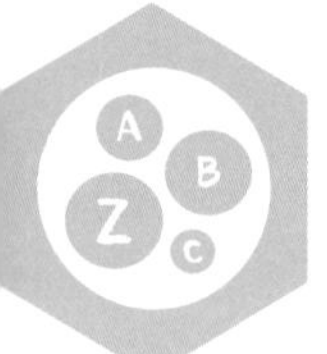

¡A vestirse!

En la tabla encontrarás los nombres de estas prendas escritos en dos partes. Búscalas y únelas con una línea.

CAMI	LONES	ANO
SEY	PIJA	SETA
JER	TIDO	PANTA
RAK	VES	MA

El armario de Joel

Completa este armario con los círculos que hay a la derecha y encuentra: un gato, una maraca, una pelota, un cinturón, un peine y una mochila.

Comienza por...

Subraya todas las palabras que empiecen o contengan una **M** y rodea todas las que empiecen o contengan una **P**.

GATO PIJAMA
CINTURÓN MARACA
ZAPATOS PANTALÓN MOSCA
ESPEJO
ANORAK PELOTA
COLCHÓN MONOPATÍN
PEINE GORRA

Superposiciones

Repasa mentalmente estas letras superpuestas, ordénalas y podrás formar el nombre de una prenda de vestir. Si no te sale, repásalas con el dedo.

RAZONAMIENTO

¡Cuántos jerséis!

Colorea las sudaderas que están en blanco siguiendo la serie de colores.

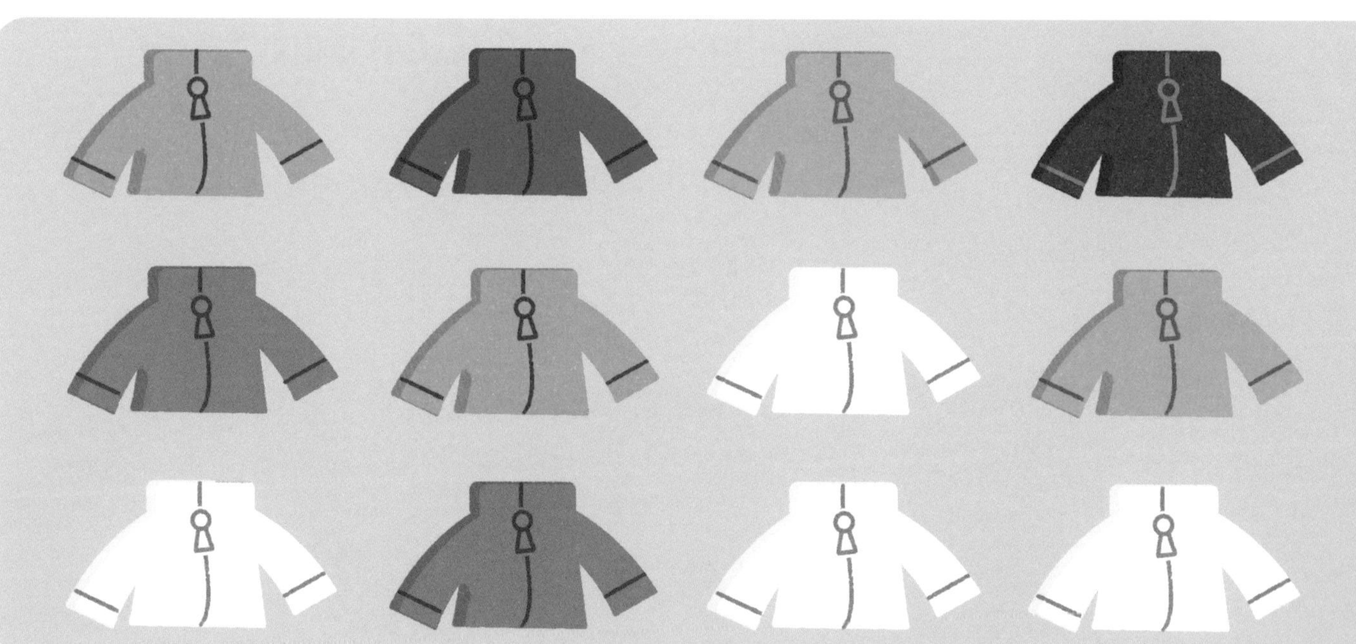

El tendedero

Joel va al tendedero a buscar su equipación. ¿La encuentras?

- Su camiseta es la tercera prenda empezando por la izquierda de arriba.
- Los pantalones son la penúltima pieza del tendedero de abajo.
- Las medias son las últimas del tendedero de arriba.
- Los guantes de portero son rojos y negros.

El desayuno

Haz un círculo en todas las tazas que tienen la cuchara a la derecha y tacha las que la tienen a la izquierda.

Las llaves

Memoriza a qué puerta pertenece cada llave. Después, tapa la imagen con un papel y ve a la parte inferior del juego. Relaciona con una línea cada llave y el nombre correspondiente.

Las escaleras

Marca las tres escaleras que son igual de altas.

La casa

Encuentra todos estos objetos dentro de esta casa:

- -Dos libros iguales.
- -Un frutero con fruta.
- -Una planta en flor.
- -Una esponja.
- -Un par de botas de lluvia.
- -Una lámpara de mesa.
- -Una maleta verde.
- -Un ratón que se esconde.

En el supermercado

¿Sabes de quién es cada una de estas compras? Lee las pistas.

-María solo ha comprado verdura y fruta.
-Adrián y Jana tienen pan y aceite en la bolsa.
-Álex es padre de tres hijos y tiene que hacer una compra grande.
-Gema ha comprado naranjada para su nieto.
-Catalina come mucha verdura y bebe una botella de agua al día.

Mi comida preferida

Dibuja algo rico dentro de este plato.

ATENCIÓN

¡Qué ricos son los helados!

Encuentra y rodea estos helados: el que es diferente al resto, los de tres sabores, los que tienen un corazón de color verde y los tres que son iguales.

ESPACIO

Formas

Relaciona cada alimento con una figura geométrica.

El intruso

Encuentra el intruso de cada fila y rodéalo.

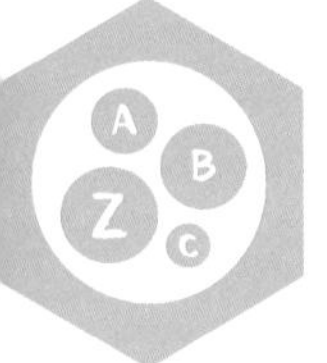

LENGUAJE

¿Cuál es la palabra?

Marca la casilla donde aparece el nombre bien escrito.

SOSA	AUAG	ESCADOP	LECHO	SASFRE
COPA	GUAU	PESCADO	TELLEL	CRESTAS
SOPA	AGUA	TESCADO	LECHE	PESAS
SAPA	GRUA	PECADO	BECHE	FRESAS

Decoraciones

Reproduce las decoraciones de la izquierda en el interior de los cuadrados de cada fila.

ATENCIÓN

Objetos diferentes

En cada grupo hay dos objetos que no están en el otro grupo. Señálalos.

¿Dónde va cada cosa?

Clasifica estos objetos según el lugar de la casa donde se encuentran habitualmente.

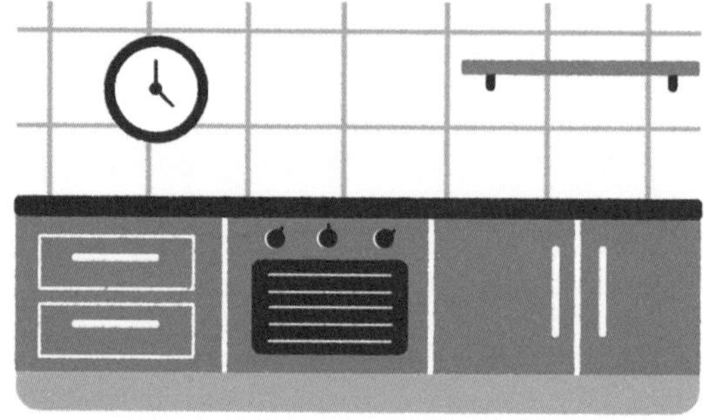

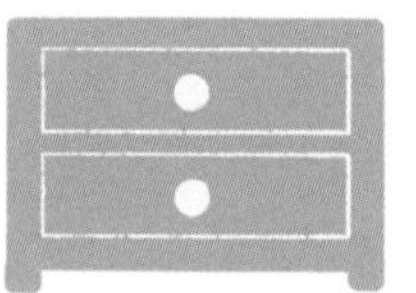

La estantería

Ayuda a organizar la estantería de forma que no haya ninguno de estos tres objetos repetidos en ninguna fila ni en ninguna columna. Dibújalos o escribe el número que le corresponde.

LÓGICA NUMÉRICA

Las aceitunas

Dibuja las aceitunas que faltan en cada bote para que haya 10 en todos.

Parejas

Une cada imagen de la fila de arriba con otra de la fila de abajo, como en el ejemplo.

Los cuatro amigos

¿Cómo se llaman estos niños y niñas? Lee lo que dicen.

- Yo soy Javier; a la izquierda tengo a una niña con gafas.
- Yo soy la de la derecha y me llamo Olga.
- Yo soy María y estoy entre Javier y Tomás.

....

Del 1 al 9

Encuentra los números del 1 al 9 dentro del dibujo y píntalos del color que se indica.

1= amarillo
2= rojo
3= naranja

4= rosa
5= lila
6= azul claro

7= azul oscuro
8= verde claro
9= verde oscuro

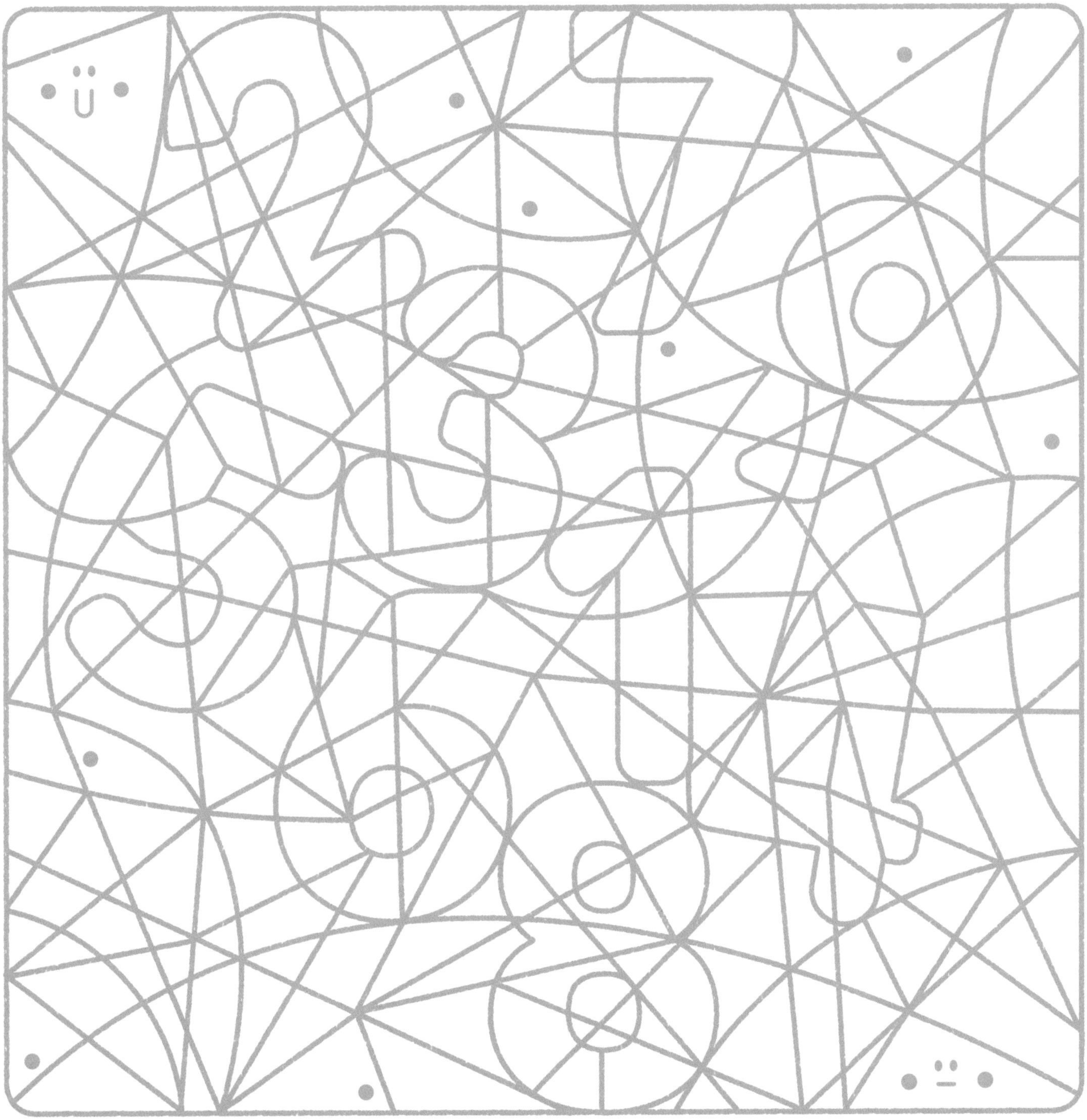

RAZONAMIENTO

Los nombres

Busca en el código qué letra corresponde a cada uno de los signos del cuadro de debajo y sabrás cómo se llaman el chico y su perro.

A	B	C	D	E	F	G	H	I	J	K	L	M	N

Ñ	O	P	Q	R	S	T	U	V	W	X	Y	Z

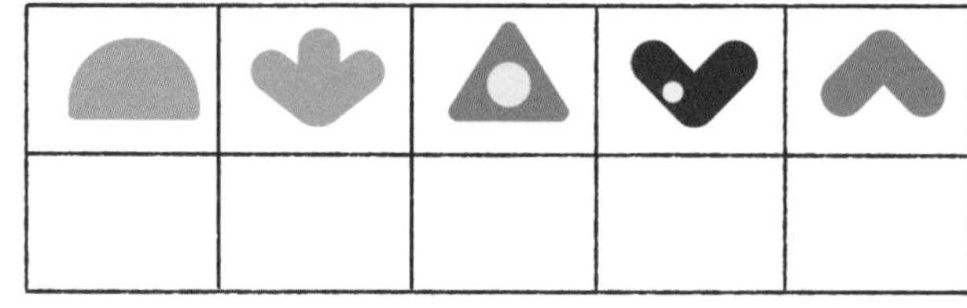

LÓGICA NUMÉRICA

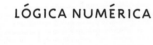

Animales de compañía

Rodea los animales que ocupan el siguiente puesto: el tercero, el quinto, el sexto y el noveno.

Circuito

Lola le enseña a su hermano cómo seguir un circuito.
Se puede ir de un lado al otro y de arriba abajo, pero hay que seguir la secuencia de colores destacada. ¿Lo pruebas?

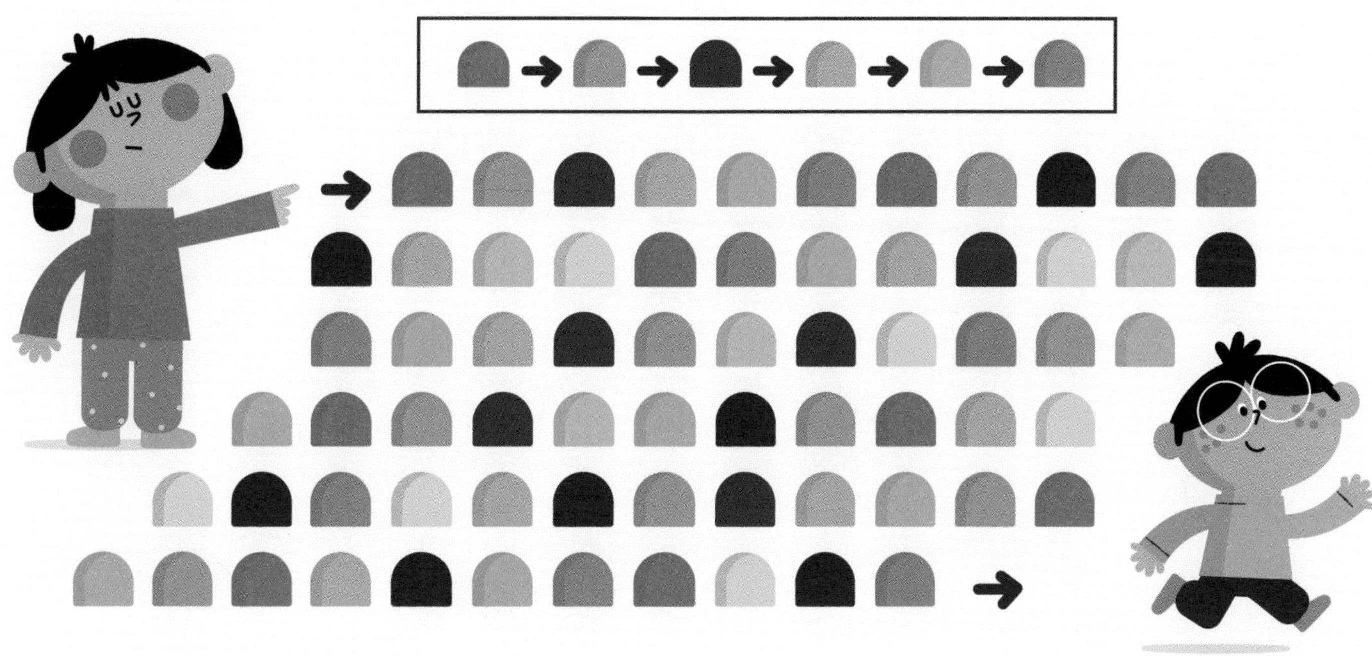

¿Qué es qué?

Escribe debajo de cada dibujo el calificativo correcto.

GRUESO/DELGADO - ALTO/BAJO - FRÍO/CALIENTE
ESTRECHO/ANCHO - PESADO/LIGERO - PEQUEÑO/GRANDE

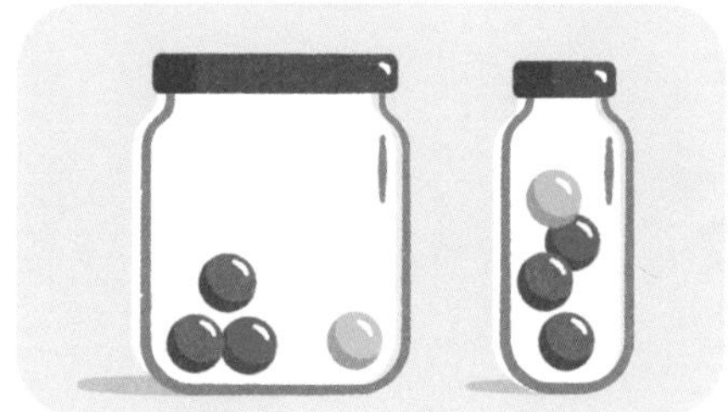

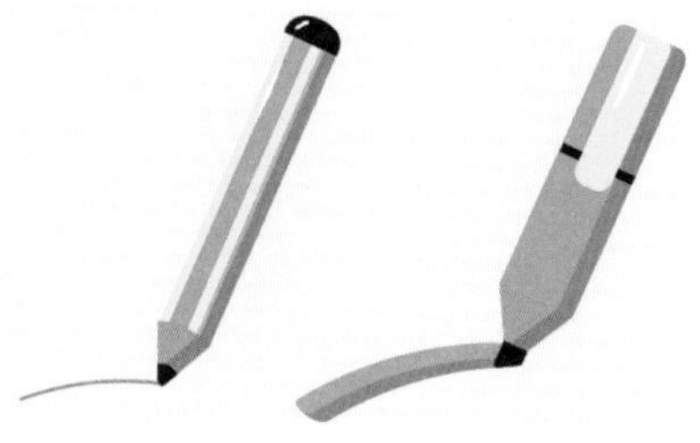

El circo

Responde a las preguntas.

¿Cuántos conejos saca el mago de dentro del sombrero? ☐

¿Cuántos payasos hay? ☐

¿Cuántos globos tienen para regalar a los niños y niñas? ☐

¿Cuántas contorsionistas hay? ☐

¿Y malabaristas? ☐

Cuenta todas las serpentinas. ☐

Escribe, junto a cada grupo de caramelos de debajo, **+**, **–**, **=**, según si hay más, menos o la misma cantidad de caramelos que arriba.

Las acróbatas

Estas acróbatas hacen su número de circo. Rodea en rojo todas las que están girando hacia la derecha y en verde las que giran hacia la izquierda. Fíjate en el modelo.

LÓGICA NUMÉRICA

Máquinas de caramelos

Escribe un 1 en la máquina de la feria en la que hay más caramelos; después escribe 2 y 3 en las otras máquinas según la cantidad de caramelos.

Un circo sin animales

En el *Circo de los hermanos Ribera* no hay animales.
Une los puntos del 1 al 50 y descubrirás quién se esconde.

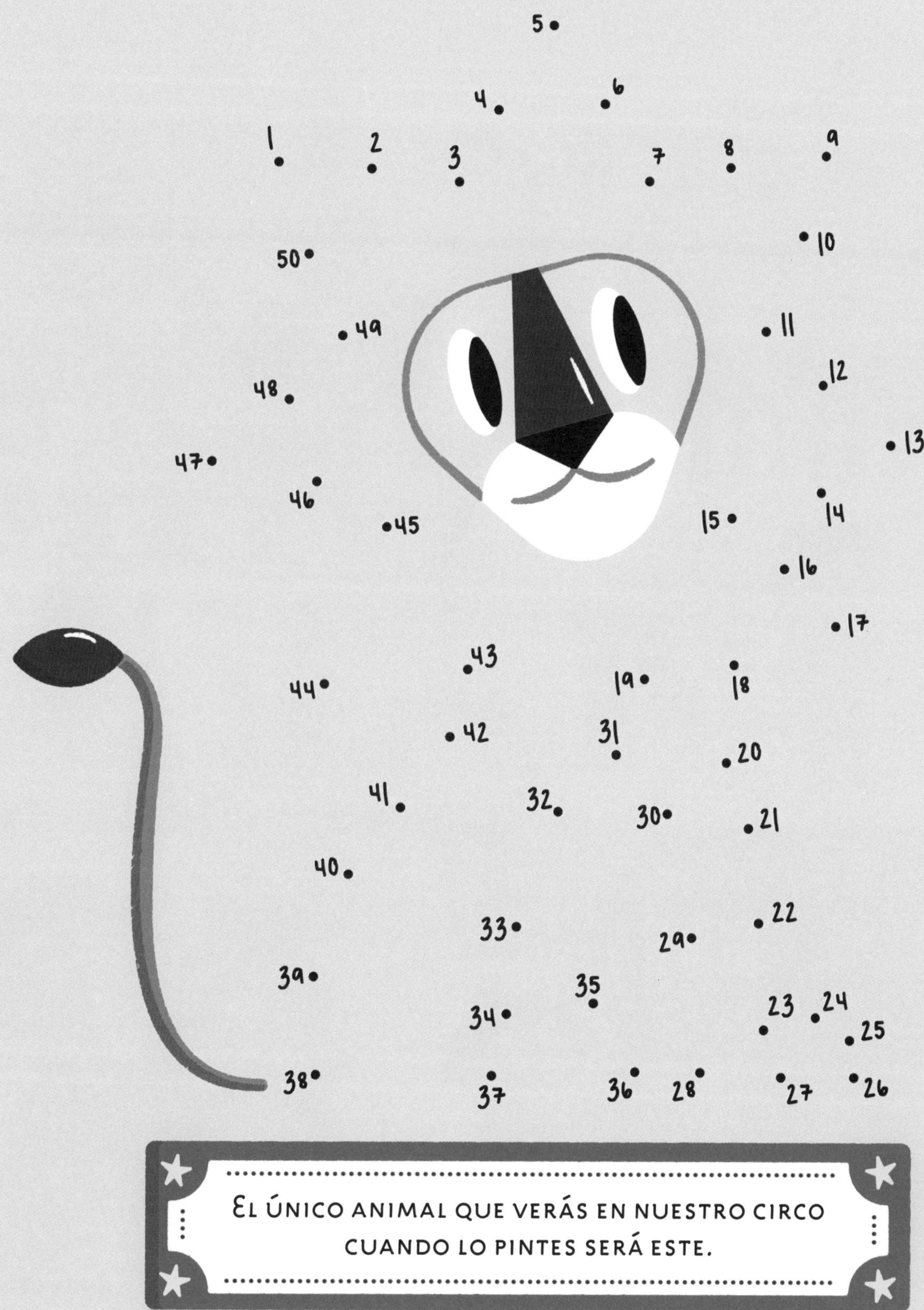

¿No te parece raro?

Rodea todo lo que está fuera de lugar en esta feria.

Todo es redondo

¿En qué se te ocurre que puedes convertir estos círculos? ¿En una cara, una fruta, una rueda, un yoyó...? Dibuja en ellos lo que quieras.

Joaquín

A Joaquín le gusta mucho el deporte. Dibuja en cada recuadro el material deportivo que corresponda según dónde se sitúa con relación a Joaquín.

DELANTE

DETRÁS

DERECHA

IZQUIERDA

LÓGICA NUMÉRICA

Suma de dados

Une los dados con su número. Si hay dos dados juntos, súmalos.

Clase de gimnasia

Busca y rodea el niño o la niña de cada fila que hace algo diferente a los demás.

ESPACIO

Mural

¿Qué formas faltan para que este mural sea totalmente simétrico? Dibújalas.

Cenefa

¿Qué par de tiras tendrías que unir para conseguir una tira larga, idéntica al modelo?

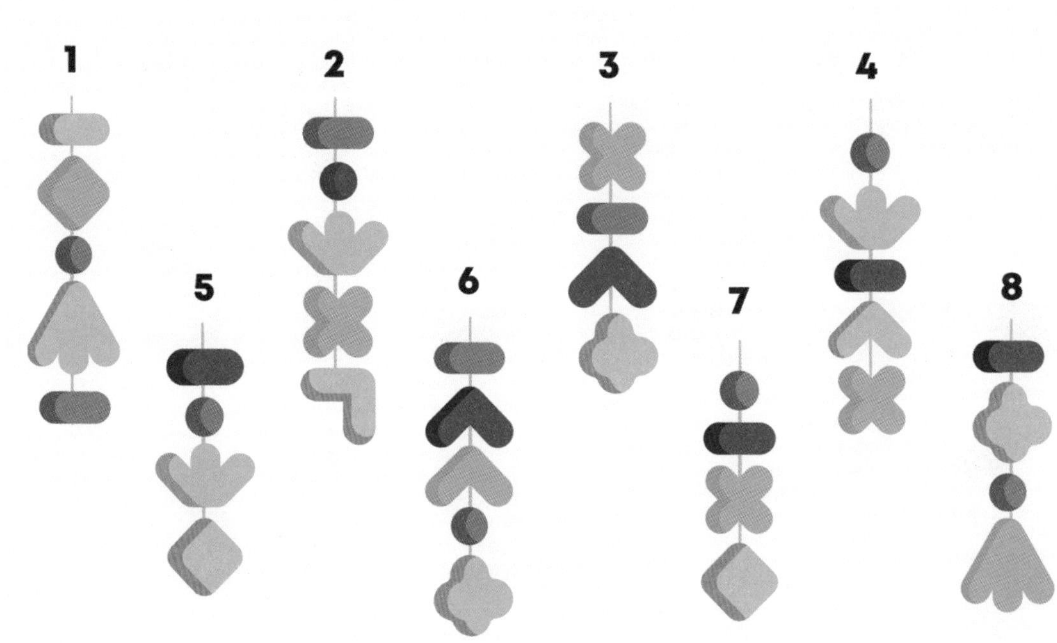

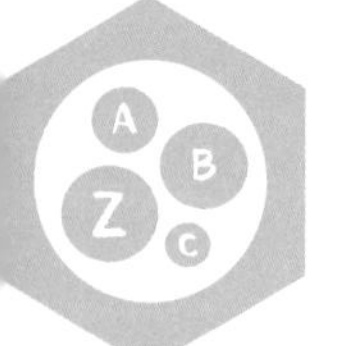

LENGUAJE

Los juguetes

Fíjate en las ilustraciones y escribe la parte de la palabra que falta para formar el nombre completo de estos ocho juguetes.

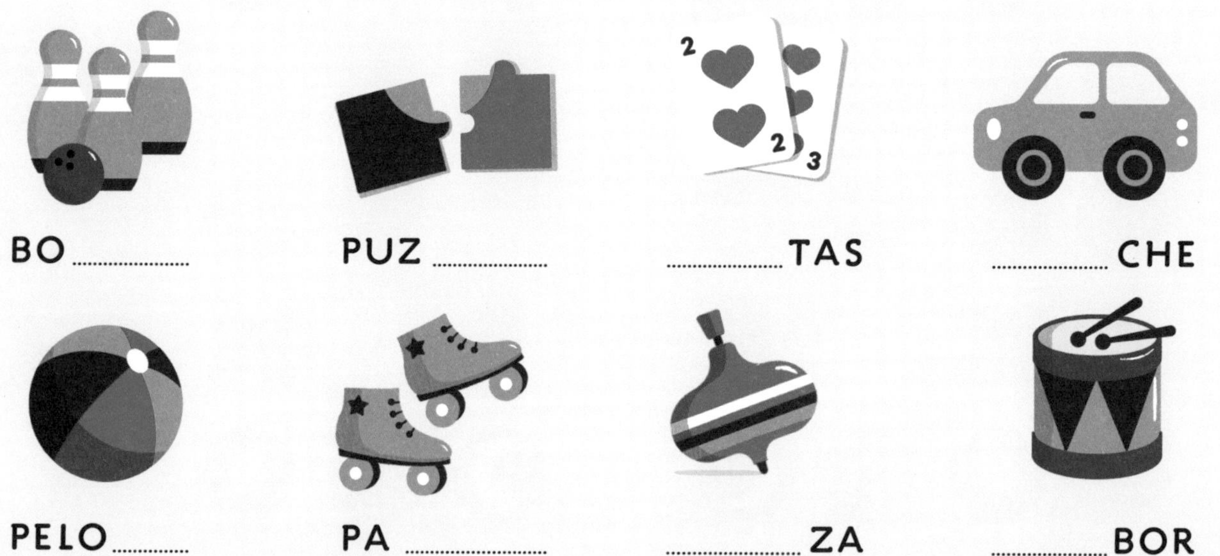

BO .... PUZ .... TAS .... CHE

PELO .... PA .... ZA .... BOR

¡Muchos puntos!

Une como quieras los puntos para hacer una cenefa o un dibujo.

¿Cómo se llaman?

Fíjate en las pistas y escribe el nombre de estas niñas y niños. Después, memorízalos. Cuando ya los recuerdes, tápalos con una hoja de papel, mira las sombras de abajo y escribe los nombres.

- José, Carla y Blas tienen el pelo negro. Pablo no.
- Blas baila.

LÓGICA NUMÉRICA

Todos los 6

¿Cuántos 6 hay en cada fila? Cuéntalos y escribe el número dentro del cuadro de la derecha.

3	26	7	16	25	5	7	96	45	27	21	64	
5	6	12	31	46	62	36	14	67	81	20	96	
7	69	76	3	24	16	86	3	45	79	56	12	
13	45	67	20	16	78	16	60	43	57	68	94	
46	27	86	66	23	46	61	80	97	45	26	16	
6	78	23	46	51	26	79	85	46	30	33	56	
57	13	26	47	56	23	41	50	60	98	56	36	
66	72	14	58	94	68	36	26	56	15	70	23	
24	56	72	34	58	92	56	76	26	69	43	19	

Busca-tiras

Busca estas seis tiras en el recuadro. Rodéalas.

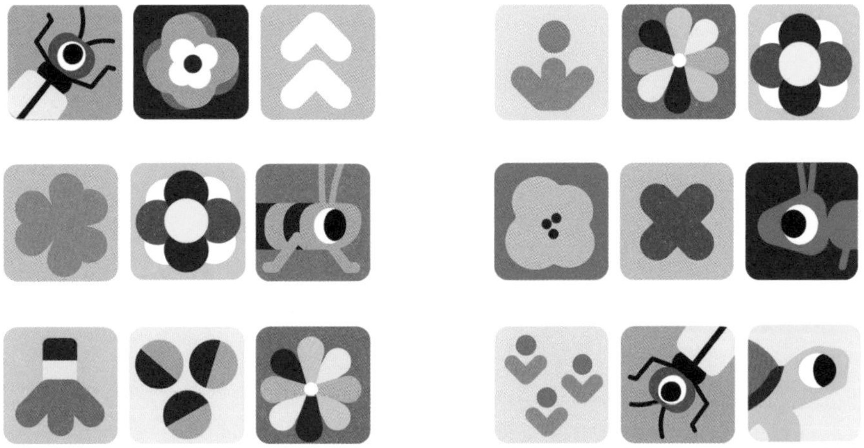

Sopa de letras

Encuentra estas palabras dentro de esta sopa de letras.
¡Todas están relacionadas con un buen baño!

PISCINA →	FLOTADOR →	SOL ↓
TRAMPOLÍN →	SOMBRILLA ↓	TOALLA ↓
BAÑADOR ↘	HIERBA →	GAFAS ↓

F	L	O	T	A	D	O	R	B	T	E	Q	T	I
A	M	R	T	R	A	M	P	O	L	I	N	M	S
B	L	M	U	F	C	G	A	J	O	S	B	X	F
M	A	F	H	I	E	R	B	A	C	T	K	V	A
O	B	Ñ	A	B	M	D	A	V	P	O	H	U	R
S	E	I	A	Z	L	I	S	O	F	A	I	L	T
I	S	P	A	D	E	S	O	P	S	L	C	G	O
B	O	Z	S	B	O	T	M	A	C	L	O	A	S
			O	M	T	R	B	C	U	A	V	F	I
			U	T	H	A	R	S	F	O	U	A	M
			P	I	S	C	I	N	A	L	P	S	P
			T	E	Q	O	L	L	M	A	V	O	V
			E	S	P	A	L	T	N	X	U	L	H
			T	E	Q	O	A	L	M	A			

Sumas

Fíjate a qué número equivale cada figura y resuelve las sumas que encontrarás a continuación.

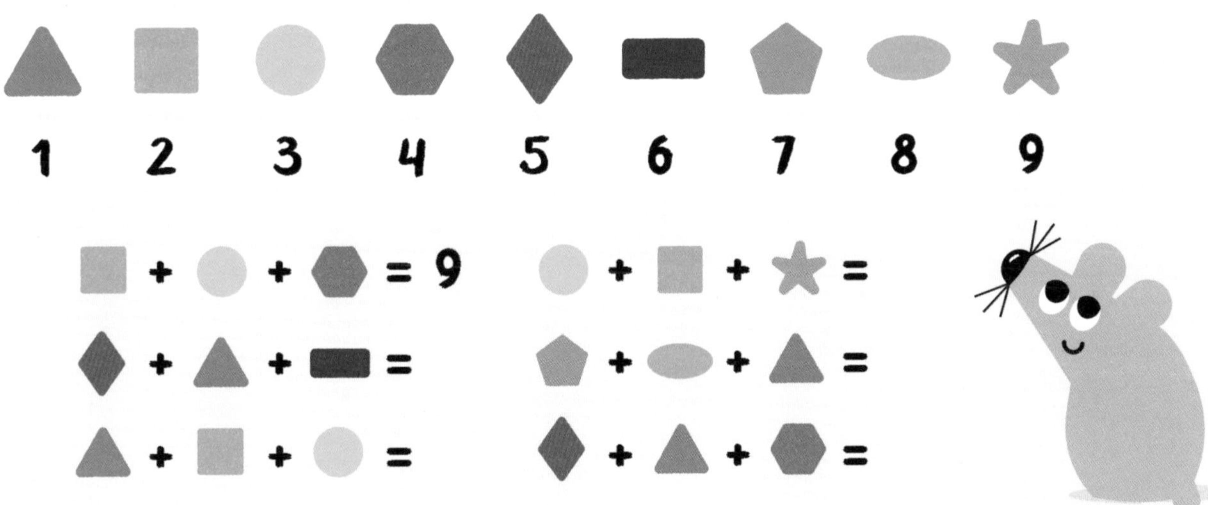

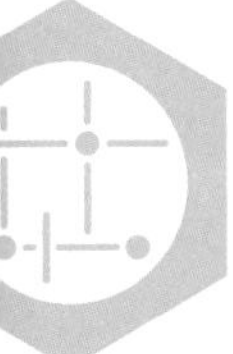

ESPACIO

Pilas de cubos

¿Cuántos cubos hay en cada columna? Fíjate en el ejemplo y escribe el número en las cuadrículas.

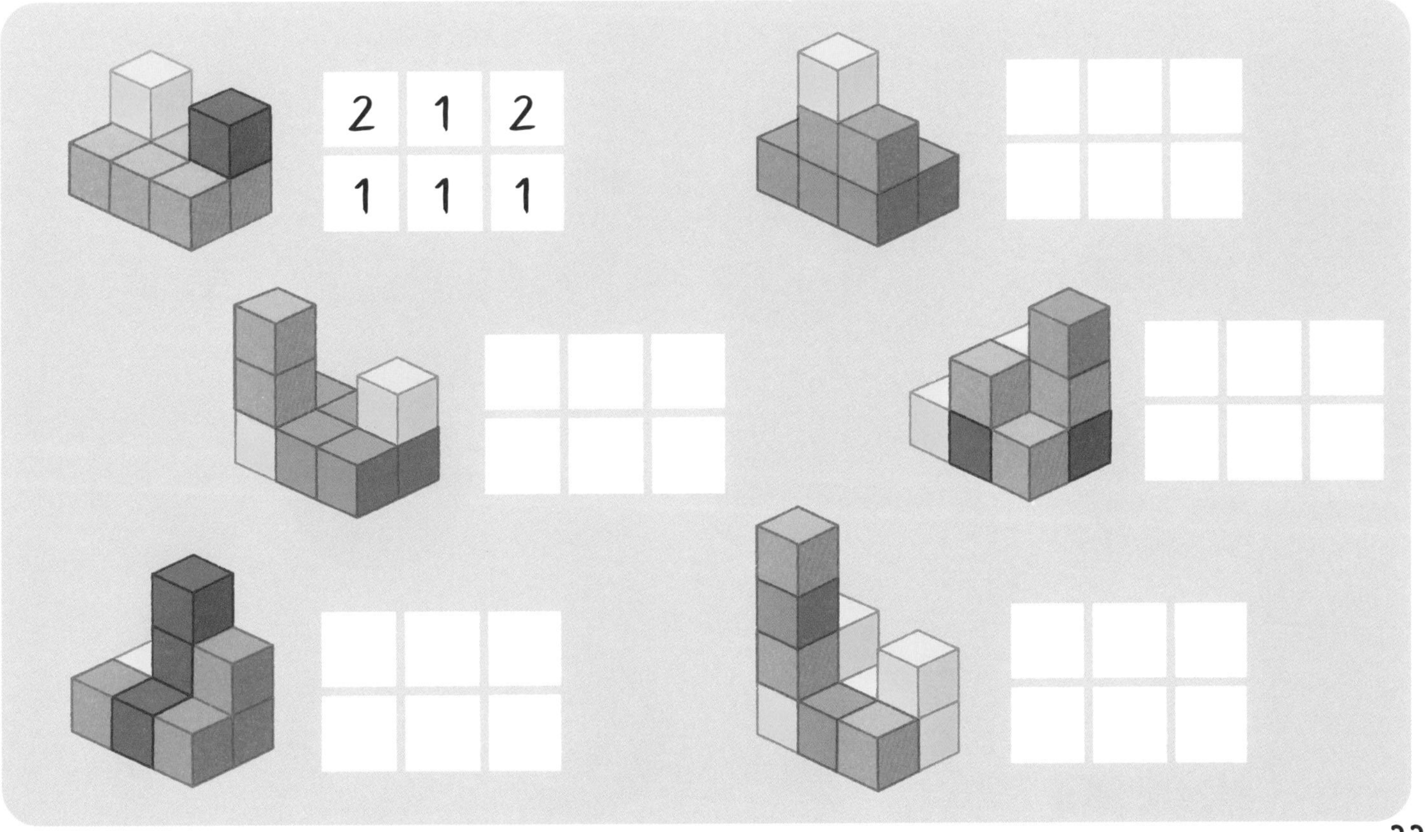

2	1	2
1	1	1

Pájaros

Señala el pájaro que más se parezca al del centro.

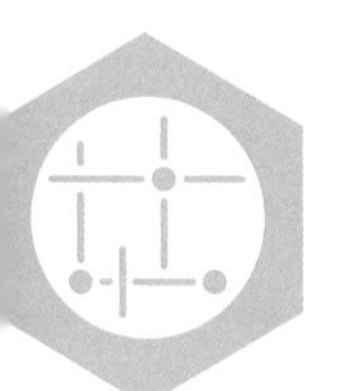

Círculos

Los círculos representan una vista desde arriba del juego de la izquierda. Marca la opción correcta en cada caso.

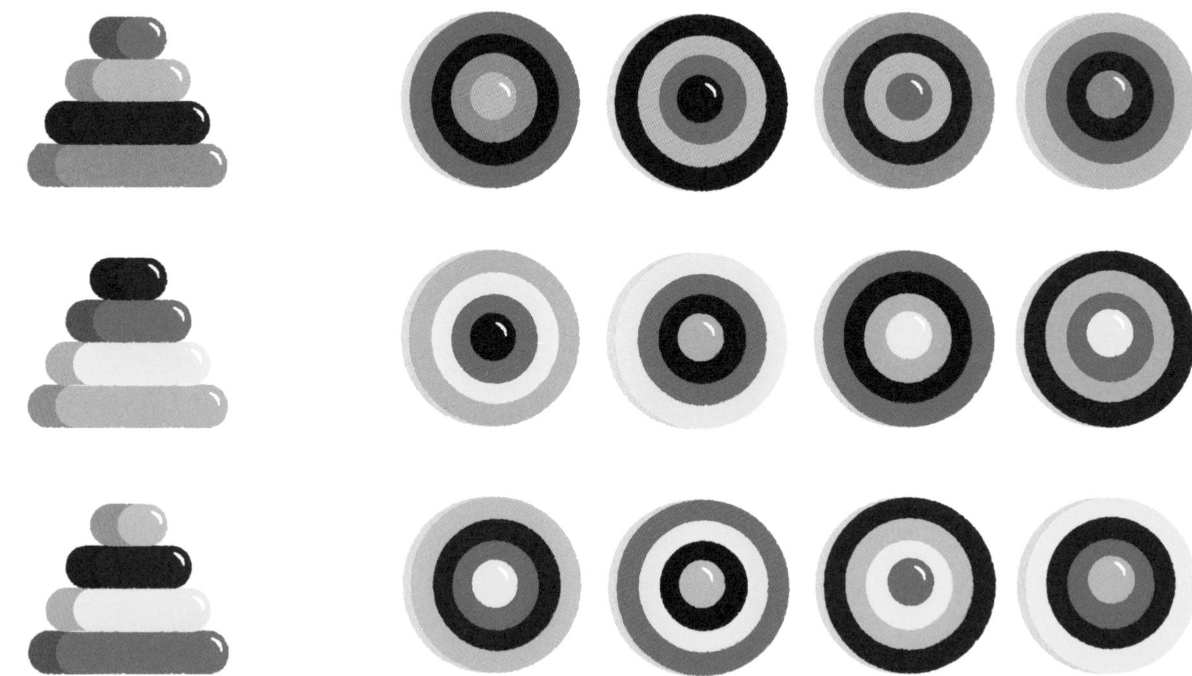

Camisetas

Observa a estos jugadores y memoriza el número que llevan durante dos minutos. A continuación, tápalos con una hoja de papel y anota en las camisetas de la derecha el número de cada jugador. Corrige tú mismo el ejercicio mirando el primer dibujo.

Laberinto

Tendrás que seguir un largo camino para ayudar al ratoncito a encontrar el queso. Márcalo primero con el lápiz y después píntalo.

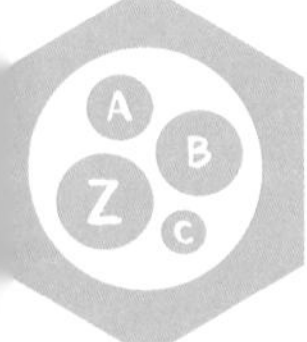

LENGUAJE

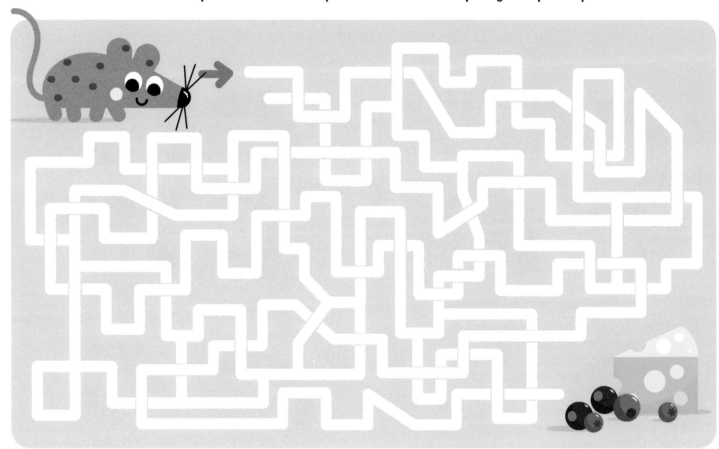

Palabras que riman

Une con una línea los objetos cuyos nombres acaban con las mismas letras, o sea, que riman.

Trabajos

Une cada uno de los nombres de estos trabajos con la herramienta necesaria para ejercerlo.

JARDINERO DOCTORA FOTÓGRAFO BOMBERO
CARTERA ARQUITECTA PELUQUERO COCINERA

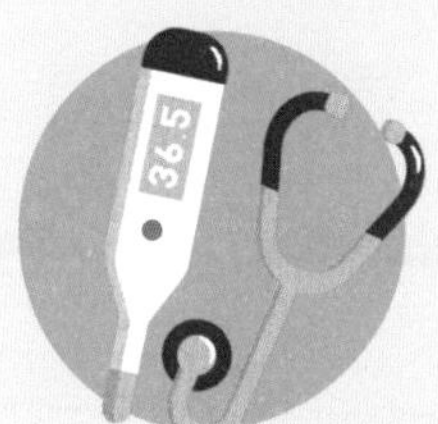

ESPACIO

El jardinero

¡Qué lío! ¿Con qué grifo conecta cada manguera? Escribe el número.

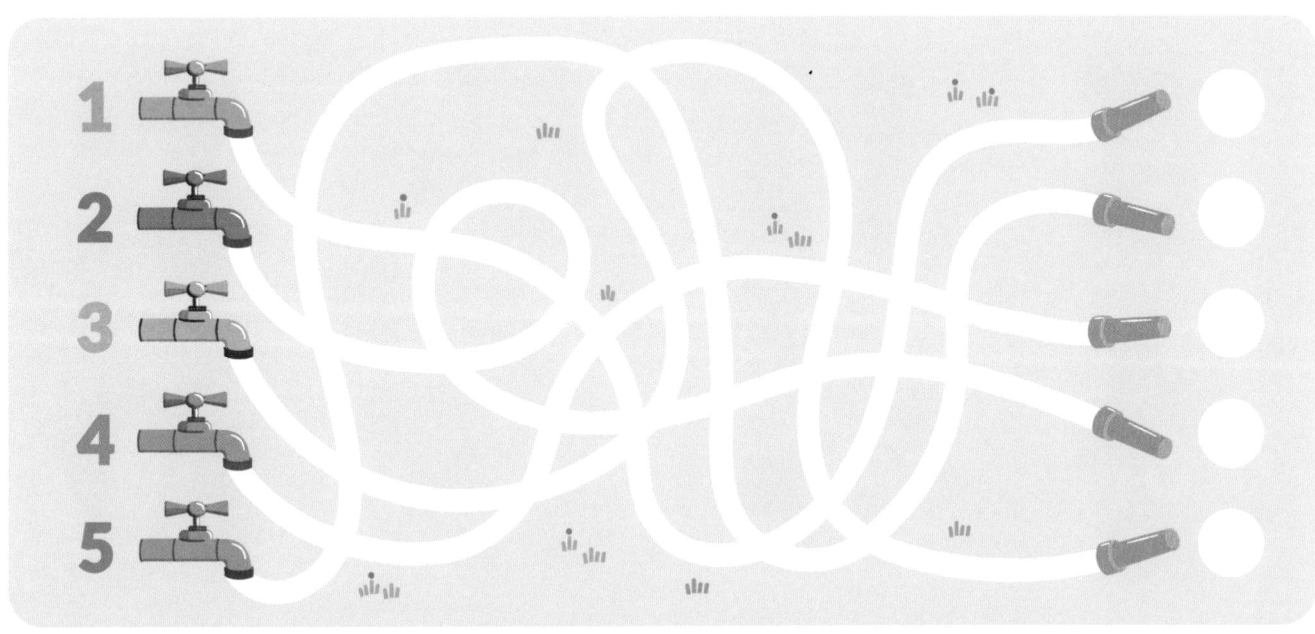

Empiezan con vocal

Observa los dibujos durante unos minutos. A continuación, tápalos con una hoja de papel y escribe debajo todas las palabras que recuerdes que empiecen con una vocal.

LÓGICA NUMÉRICA

Puzle numérico

Encaja las piezas del puzle de forma que las parejas sumen 25.

¿Más, menos o igual?

Cuenta los cuadrados de colores de la izquierda y después los de la derecha y anota si hay más, menos o igual (>, <, =). Fíjate en el ejemplo.

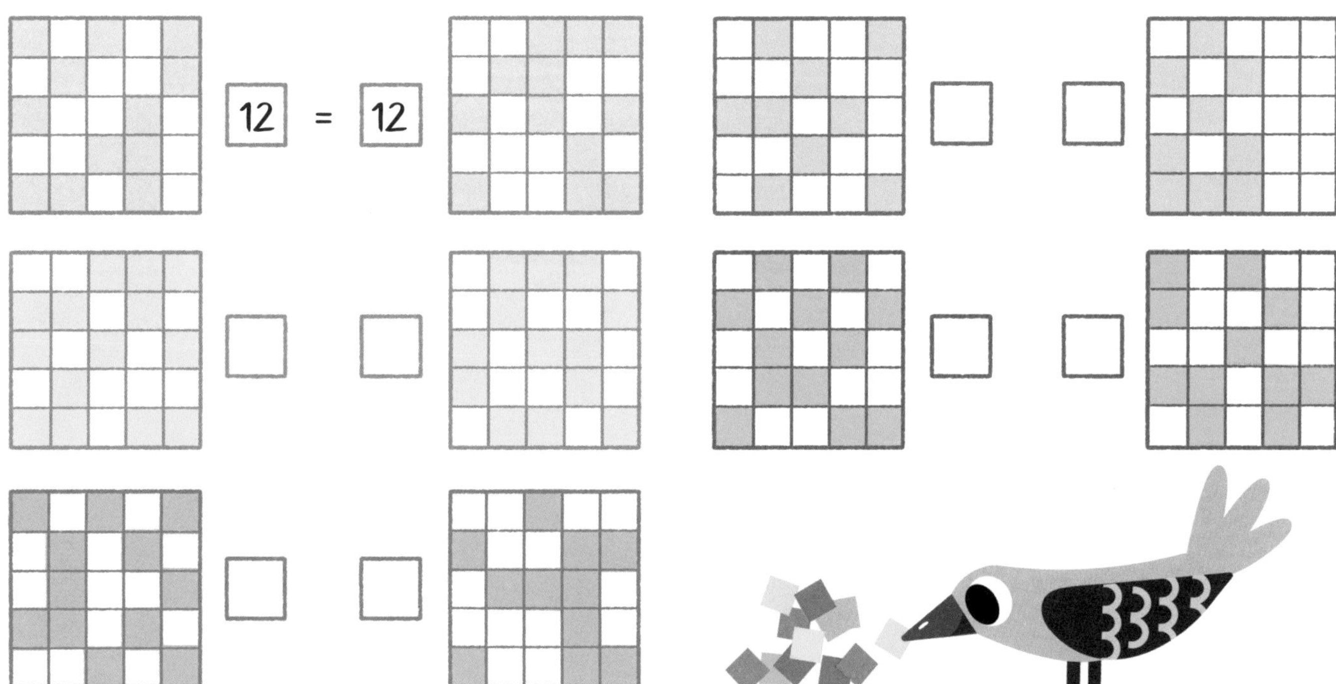

Cenefa

Copia la cenefa en el recuadro inferior.

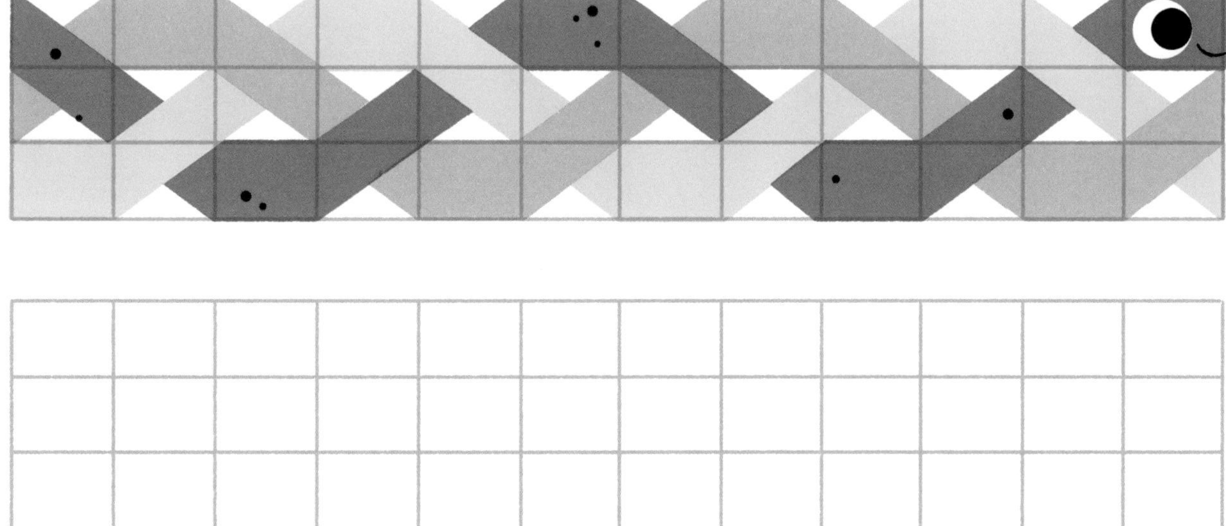

Macetas

Rodea en verde todas las plantas de arriba que no están en el grupo de abajo. Rodea en rojo las plantas de abajo que no se encuentran arriba. Finalmente, rodea en azul las que se encuentran en ambos grupos.

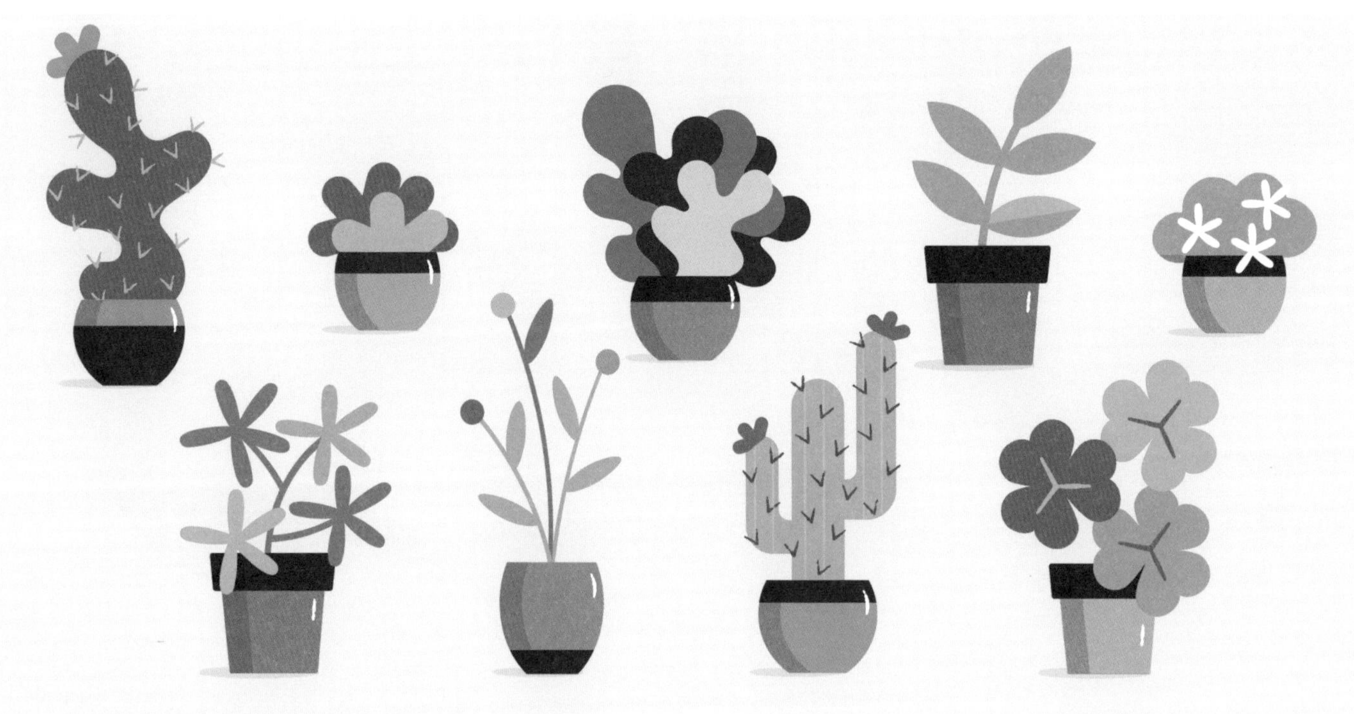

LENGUAJE

La más correcta

Señala el círculo de la oración que describa mejor cada dibujo.

Marta compra una planta para su madre.

Marta arregla el jardín de la escuela.

A Marta le gusta mucho el campo.

A Juan le gusta practicar deporte.

Juan juega al fútbol.

Juan estaba muy cansado.

Eva y Pablo se van de excursión.

Eva y Pablo juegan con el agua.

Eva y Pablo están muy contentos.

LÓGICA NUMÉRICA

Sumas y más sumas

Sigue el color de las flechas haciendo las sumas que haga falta, según el código, y completa todos los círculos.

SOLUCIONES

4

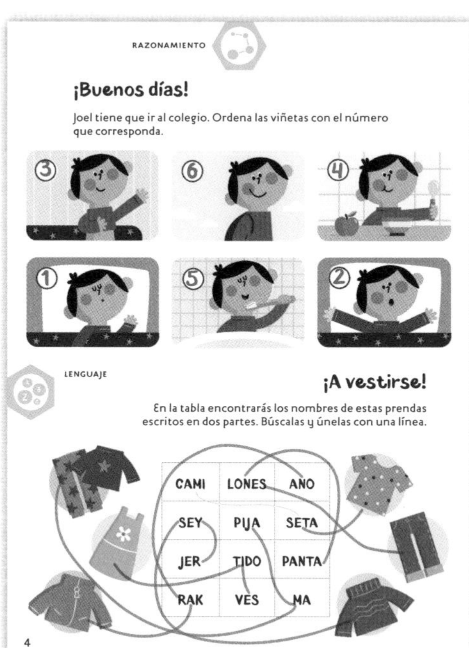

RAZONAMIENTO

¡Buenos días!

Joel tiene que ir al colegio. Ordena las viñetas con el número que corresponda.

LENGUAJE

¡A vestirse!

En la tabla encontrarás los nombres de estas prendas escritos en dos partes. Búscalas y únelas con una línea.

CAMI	LONES	AÑO
SEY	PIJA	SETA
JER	TIDO	PANTA
RAK	VES	MA

4

5

ESPACIO ATENCIÓN

El armario de Joel

Completa este armario con los círculos que hay a la derecha y encuentra: un gato, una maraca, una pelota, un cinturón, un peine y una mochila.

LENGUAJE

Comienza por...

Subraya todas las palabras que empiecen o contengan una **M** y rodea todas las que empiecen o contengan una **P**.

5

6

ATENCIÓN

Superposiciones

Repasa mentalmente estas letras superpuestas, ordénalas y podrás formar el nombre de una prenda de vestir. Si no te sale, repásalas con el dedo.

RAZONAMIENTO

¡Cuántos jerséis!

Colorea las sudaderas que están en blanco siguiendo la serie de colores.

6

7

ESPACIO

El tendedero

Joel va al tendedero a buscar su equipación. ¿La encuentras?

- Su camiseta es la tercera prenda empezando por la izquierda de arriba.
- Los pantalones son la penúltima pieza del tendedero de abajo.
- Las medias son las últimas del tendedero de arriba.
- Los guantes de portero son rojos y negros.

El desayuno

Haz un círculo en todas las tazas que tienen la cuchara a la derecha y tacha las que la tienen a la izquierda.

7

8

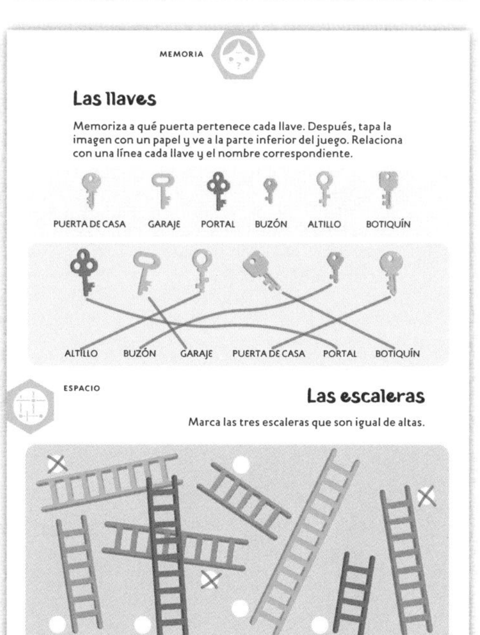

MEMORIA

Las llaves

Memoriza a qué puerta pertenece cada llave. Después, tapa la imagen con un papel y ve a la parte inferior del juego. Relaciona con una línea cada llave y el nombre correspondiente.

ESPACIO

Las escaleras

Marca las tres escaleras que son igual de altas.

8

9

ATENCIÓN

La casa

Encuentra todos estos objetos dentro de esta casa:

- -Dos libros iguales.
- -Un frutero con fruta.
- -Una planta en flor.
- -Una esponja.
- -Un par de botas de lluvia.
- -Una lámpara de mesa.
- -Una maleta verde.
- -Un ratón que se esconde.

9

10

RAZONAMIENTO

En el supermercado

¿Sabes de quién es cada una de estas compras? Lee las pistas.

-María solo ha comprado verdura y fruta.
-Adrián y Jana tienen pan y aceite en la bolsa.
-Álex es padre de tres hijos y tiene que hacer una compra grande.
-Gema ha comprado naranjada para su nieto.
-Catalina come mucha verdura y bebe una botella de agua al día.

CREATIVIDAD

Mi comida preferida

Dibuja algo rico dentro de este plato.

10

11

ATENCIÓN

¡Qué ricos son los helados!

Encuentra y rodea estos helados: el que es diferente al resto, los de tres sabores, los que tienen un corazón de color verde y los tres que son iguales.

ESPACIO

Formas

Relaciona cada alimento con una figura geométrica.

11

12

RAZONAMIENTO

El intruso

Encuentra el intruso de cada fila y rodéalo.

LENGUAJE

¿Cuál es la palabra?

Marca la casilla donde aparece el nombre bien escrito.

SOSA	AUAG	ESCADOP	LECHO	SASFRE
COPA	GUAU	PESCADO	TELLEL	CRESTAS
SOPA	AGUA	TESCADO	LECHE	PESAS
SAPA	GRUA	PECADO	BECHE	FRESAS

12

13

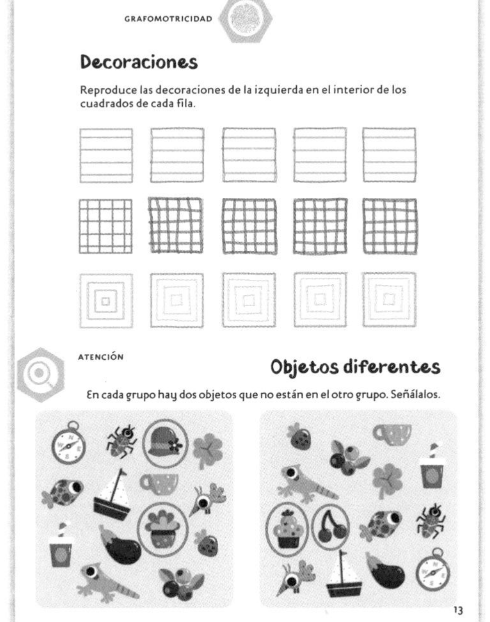

GRAFOMOTRICIDAD

Decoraciones

Reproduce las decoraciones de la izquierda en el interior de los cuadrados de cada fila.

ATENCIÓN

Objetos diferentes

En cada grupo hay dos objetos que no están en el otro grupo. Señálalos.

13

14

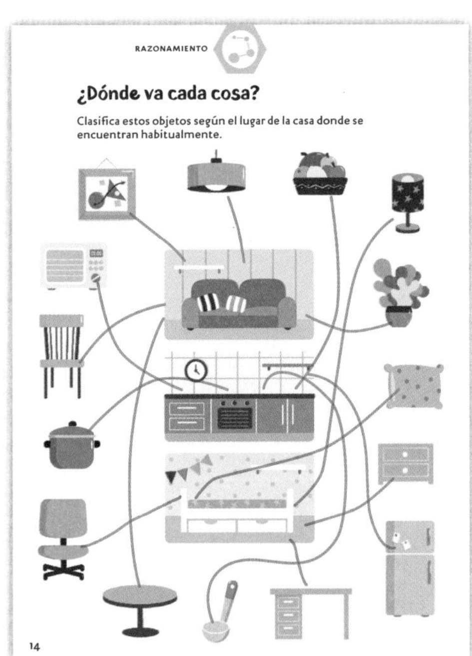

RAZONAMIENTO

¿Dónde va cada cosa?

Clasifica estos objetos según el lugar de la casa donde se encuentran habitualmente.

14

15

RAZONAMIENTO

La estantería

Ayuda a organizar la estantería de forma que no haya ninguno de estos tres objetos repetidos en ninguna fila ni en ninguna columna. Dibújalos o escribe el número que le corresponde.

LÓGICA NUMÉRICA

Las aceitunas

Dibuja las aceitunas que faltan en cada bote para que haya 10 en todos.

15

16

RAZONAMIENTO

Parejas

Une cada imagen de la fila de arriba con otra de la fila de abajo, como en el ejemplo.

Los cuatro amigos

¿Cómo se llaman estos niños y niñas? Lee lo que dicen.

- Yo soy Javier; a la izquierda tengo a una niña con gafas.
- Yo soy la de la derecha y me llamo Olga.
- Yo soy María y estoy entre Javier y Tomás.

TOMÁS MARÍA JAVIER OLGA

16

17

ATENCIÓN

Del 1 al 9

Encuentra los números del 1 al 9 dentro del dibujo y píntalos del color que se indica.

1= amarillo 4= rosa 7= azul oscuro
2= rojo 5= lila 8= verde claro
3= naranja 6= azul claro 9= verde oscuro

17

18

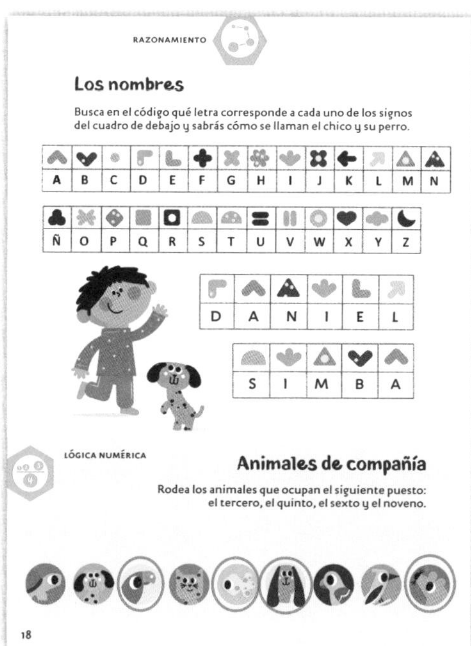

RAZONAMIENTO

Los nombres

Busca en el código qué letra corresponde a cada uno de los signos del cuadro de debajo y sabrás cómo se llaman el chico y su perro.

A	B	C	D	E	F	G	H	I	J	K	L	M	N

Ñ	O	P	Q	R	S	T	U	V	W	X	Y	Z

D	A	N	I	E	L

S	I	M	B	A

LÓGICA NUMÉRICA

Animales de compañía

Rodea los animales que ocupan el siguiente puesto: el tercero, el quinto, el sexto y el noveno.

18

19

ESPACIO

Circuito

Lola le enseña a su hermano cómo seguir un circuito. Se puede ir de un lado al otro y de arriba abajo, pero hay que seguir la secuencia de colores destacada. ¿Lo pruebas?

LENGUAJE

¿Qué es qué?

Escribe debajo de cada dibujo el calificativo correcto. GRUESO/DELGADO - ALTO/BAJO - FRÍO/CALIENTE ESTRECHO/ANCHO - PESADO/LIGERO - PEQUEÑO/GRANDE

GRANDE PEQUEÑO — CALIENTE FRÍO — PESADO LIGERO

ALTO BAJO — ANCHO ESTRECHO — DELGADO GRUESO

19

20

LÓGICA NUMÉRICA ATENCIÓN

El circo

Responde a las preguntas.

¿Cuántos conejos saca el mago de dentro del sombrero?	1
¿Cuántos payasos hay?	3
¿Cuántos globos tienen para regalar a los niños y niñas?	17
¿Cuántas contorsionistas hay?	5
¿Y malabaristas?	3
Cuenta todas las serpentinas.	15

Escribe, junto a cada grupo de caramelos de debajo, +, -, =, según si hay más, menos o la misma cantidad de caramelos que arriba.

- =
+

20 21

21

22

ESPACIO

Las acróbatas

Estas acróbatas hacen su número de circo. Rodea en rojo todas las que están girando hacia la derecha y en verde las que giran hacia la izquierda. Fíjate en el modelo.

DERECHA

IZQUIERDA

LÓGICA NUMÉRICA

Máquinas de caramelos

Escribe un 1 en la máquina de la feria en la que hay más caramelos; después escribe 2 y 3 en las otras máquinas según la cantidad de caramelos.

2 1 3

22

23

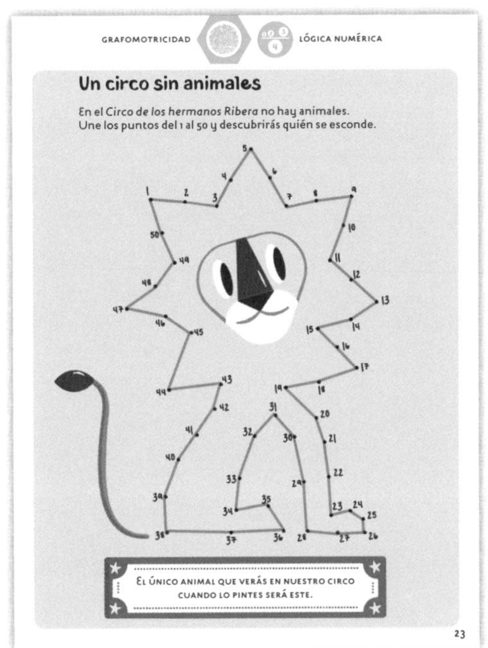

GRAFOMOTRICIDAD LÓGICA NUMÉRICA

Un circo sin animales

En el *Circo de los hermanos Ribera* no hay animales.
Une los puntos del 1 al 50 y descubrirás quién se esconde.

EL ÚNICO ANIMAL QUE VERÁS EN NUESTRO CIRCO CUANDO LO PINTES SERÁ ESTE.

23

24

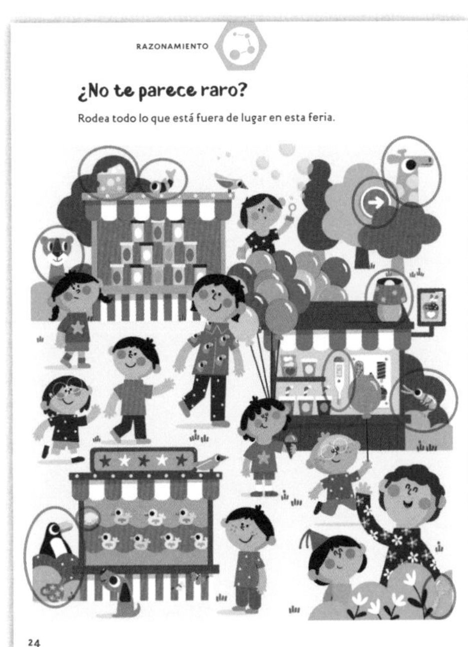

RAZONAMIENTO

¿No te parece raro?

Rodea todo lo que está fuera de lugar en esta feria.

24

26

ESPACIO

Joaquín

A Joaquín le gusta mucho el deporte. Dibuja en cada recuadro el material deportivo que corresponda según dónde se sitúa con relación a Joaquín.

DELANTE DETRÁS

DERECHA IZQUIERDA

LÓGICA NUMÉRICA

Suma de dados

Une los dados con su número. Si hay dos dados juntos, súmalos.

1 2 3 4 5 6 7 8 9 10

26

27

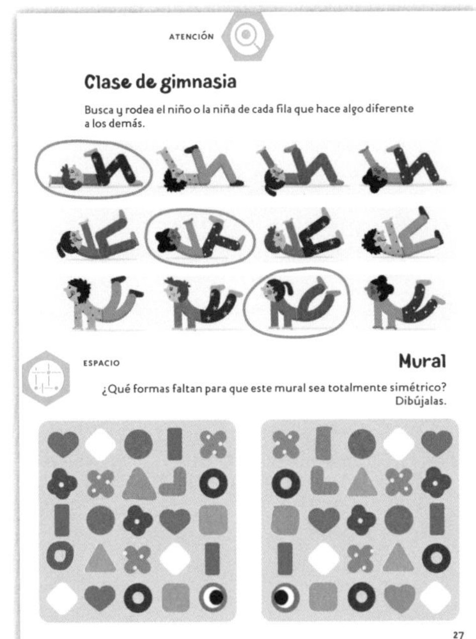

ATENCIÓN

Clase de gimnasia

Busca y rodea el niño o la niña de cada fila que hace algo diferente a los demás.

ESPACIO

Mural

¿Qué formas faltan para que este mural sea totalmente simétrico? Dibújalas.

27

28

RAZONAMIENTO

Cenefa

¿Qué par de tiras tendrías que unir para conseguir una tira larga, idéntica al modelo?

1 2 3 4 5 6 7 8

LENGUAJE

Los juguetes

Fíjate en las ilustraciones y escribe la parte de la palabra que falta para formar el nombre completo de estos ocho juguetes.

BOLOS PUZLE CARTAS COCHE

PELOTA PATINES PEONZA TAMBOR

28

30

RAZONAMIENTO MEMORIA

¿Cómo se llaman?

Fíjate en las pistas y escribe el nombre de estas niñas y niños. Después, memorízalos. Cuando ya los recuerdes, tápalos con una hoja de papel, mira las sombras de abajo y escribe los nombres.

- José, Carla y Blas tienen el pelo negro. Pablo no. - Blas baila.

JOSÉ BLAS PABLO CARLA

PABLO CARLA BLAS JOSÉ

LÓGICA NUMÉRICA

Todos los 6

¿Cuántos 6 hay en cada fila? Cuéntalos y escribe el número dentro del cuadro de la derecha.

3	26	7	16	25	5	7	96	45	27	21	64	4
5	6	12	31	46	62	36	14	67	81	20	96	6
7	69	76	3	24	16	86	3	45	79	56	12	5
13	45	67	20	16	78	16	60	43	57	68	94	5
46	27	86	66	23	46	61	80	97	45	26	16	8
6	78	23	46	51	26	79	85	46	30	33	56	5
57	13	26	47	56	23	41	50	60	98	56	36	5
66	72	14	58	94	68	36	26	56	15	70	23	6
24	56	72	34	58	92	56	76	26	69	43	19	5

30

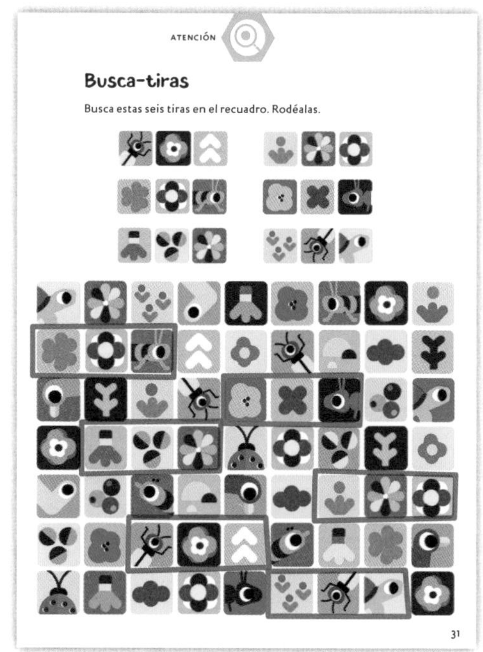

ATENCIÓN

Busca-tiras

Busca estas seis tiras en el recuadro. Rodéalas.

31

31

32

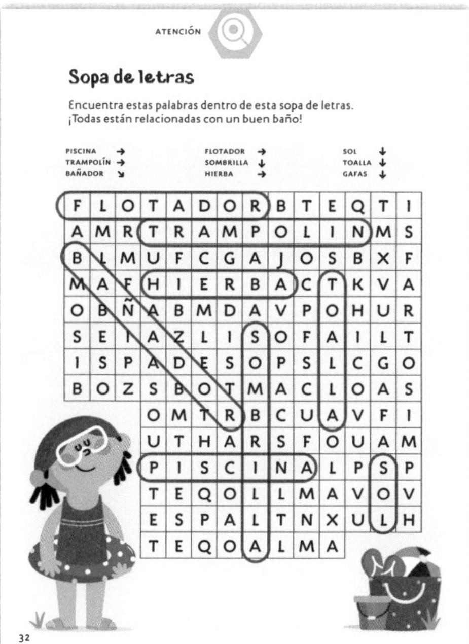

ATENCIÓN

Sopa de letras

Encuentra estas palabras dentro de esta sopa de letras. ¡Todas están relacionadas con un buen baño!

PISCINA → TRAMPOLÍN → BAÑADOR ↘ FLOTADOR → SOMBRILLA ↓ HIERBA → SOL ↓ TOALLA ↓ GAFAS ↓

F	L	O	T	A	D	O	R	B	T	E	Q	T	I
A	M	R	T	R	A	M	P	O	L	I	N	M	S
B	L	M	U	F	C	G	A	J	O	S	B	X	F
M	A	F	H	I	E	R	B	A	C	T	K	V	A
O	B	Ñ	A	B	M	D	A	V	P	O	H	U	R
S	E	I	A	Z	L	I	S	O	F	A	I	L	T
I	S	P	A	D	E	S	O	P	S	L	C	G	O
B	O	Z	S	B	O	T	M	A	C	L	O	A	S
			O	M	T	R	B	C	U	A	V	F	I
			U	T	H	A	R	S	F	O	U	A	M
			P	I	S	C	I	N	A	L	P	S	P
			T	E	Q	O	L	L	M	A	V	O	V
			E	S	P	A	L	T	N	X	U	L	H
			T	E	Q	O	A	L	M	A			

32

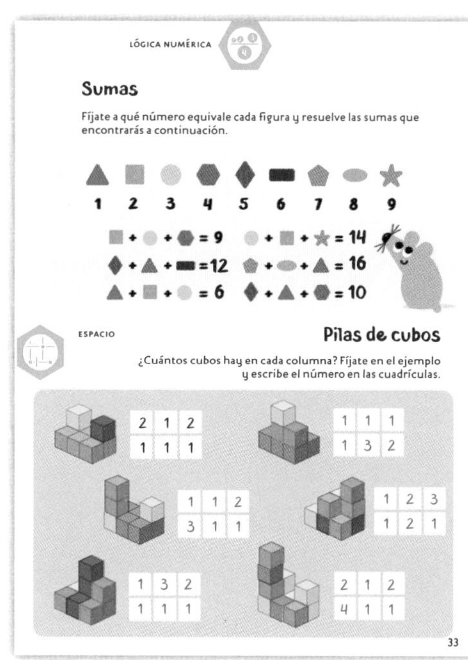

LÓGICA NUMÉRICA

Sumas

Fíjate a qué número equivale cada figura y resuelve las sumas que encontrarás a continuación.

▲	■	●	⬢	◆	▬	⬟	⬬	★
1	2	3	4	5	6	7	8	9

■ + ● + ⬢ = 9 ● + ■ + ★ = 14

◆ + ▲ + ▬ = 12 ⬟ + ⬬ + ▲ = 16

▲ + ■ + ● = 6 ◆ + ▲ + ⬢ = 10

ESPACIO

Pilas de cubos

¿Cuántos cubos hay en cada columna? Fíjate en el ejemplo y escribe el número en las cuadrículas.

2 1 2 / 1 1 1

1 1 1 / 1 3 2

1 1 2 / 3 1 1

1 2 3 / 1 2 1

1 3 2 / 1 1 1

2 1 2 / 4 1 1

33

33

RAZONAMIENTO

Pájaros

Señala el pájaro que más se parezca al del centro.

ESPACIO

Círculos

Los círculos representan una vista desde arriba del juego de la izquierda. Marca la opción correcta en cada caso.

34

36

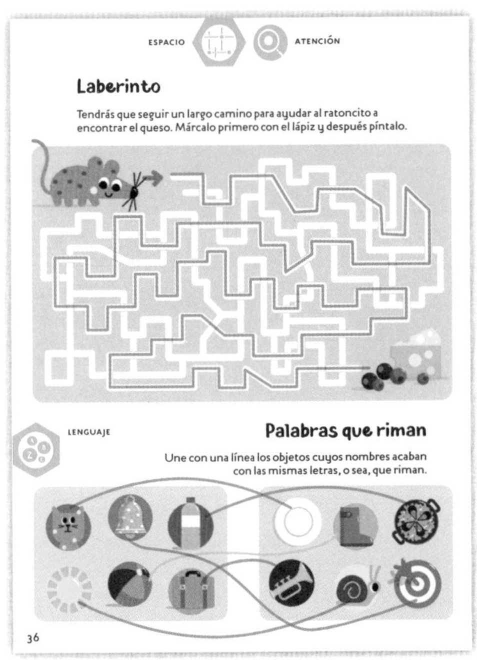
ESPACIO ATENCIÓN

Laberinto

Tendrás que seguir un largo camino para ayudar al ratoncito a encontrar el queso. Márcalo primero con el lápiz y después píntalo.

LENGUAJE

Palabras que riman

Une con una línea los objetos cuyos nombres acaban con las mismas letras, o sea, que riman.

36

37

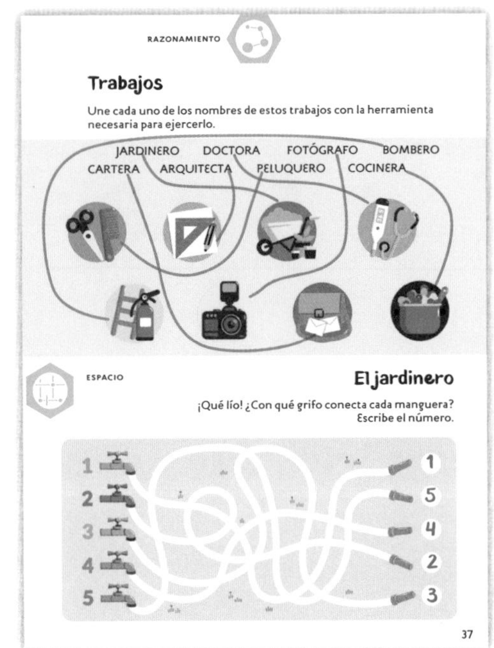
RAZONAMIENTO

Trabajos

Une cada uno de los nombres de estos trabajos con la herramienta necesaria para ejercerlo.

ESPACIO

El jardinero

¡Qué lío! ¿Con qué grifo conecta cada manguera? Escribe el número.

37

38

MEMORIA LENGUAJE

Empiezan con vocal

Observa los dibujos durante unos minutos. A continuación, tápalos con una hoja de papel y escribe debajo todas las palabras que recuerdes que empiecen con una vocal.

ARDILLA OJO ESCALERA ISLA ORUGA UVA

LÓGICA NUMÉRICA

Puzle numérico

Encaja las piezas del puzle de forma que las parejas sumen 25.

38

39

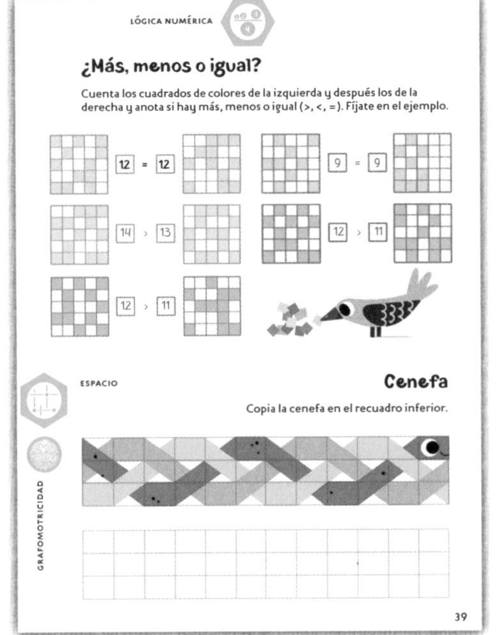
LÓGICA NUMÉRICA

¿Más, menos o igual?

Cuenta los cuadrados de colores de la izquierda y después los de la derecha y anota si hay más, menos o igual (>, <, =). Fíjate en el ejemplo.

ESPACIO

Cenefa

Copia la cenefa en el recuadro inferior.

GRAFOMOTRICIDAD

39

40

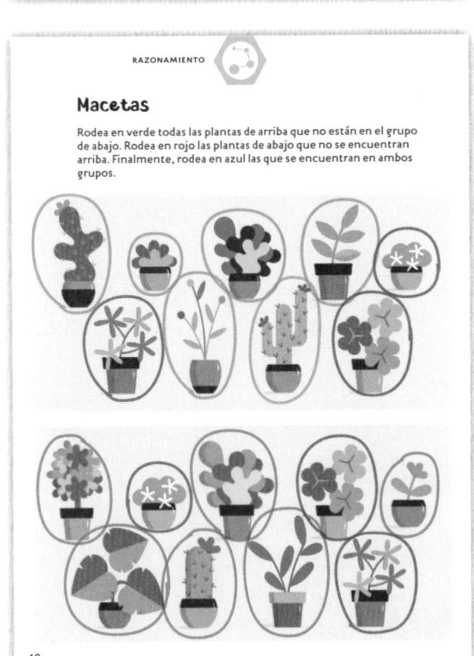
RAZONAMIENTO

Macetas

Rodea en verde todas las plantas de arriba que no están en el grupo de abajo. Rodea en rojo las plantas de abajo que no se encuentran arriba. Finalmente, rodea en azul las que se encuentran en ambos grupos.

40

41

LENGUAJE

La más correcta

Señala el círculo de la oración que describa mejor cada dibujo.

Marta compra una planta para su madre.
Marta arregla el jardín de la escuela.
A Marta le gusta mucho el campo.

A Juan le gusta practicar deporte.
Juan juega al fútbol.
Juan estaba muy cansado.

Eva y Pablo se van de excursión.
Eva y Pablo juegan con el agua.
Eva y Pablo están muy contentos.

LÓGICA NUMÉRICA

Sumas y más sumas

Sigue el color de las flechas haciendo las sumas que haga falta, según el código, y completa todos los círculos.

41